AF450648

ESSAI

SUR LA VÉRITABLE IDÉE

DE L'ÉDUCATION.

ESSAI

SUR LA VÉRITABLE IDÉE

DE L'ÉDUCATION,

ASSORTIE A LA NATURE DE L'HOMME

ET

AUX CONDITIONS D'EXISTENCE DE LA SOCIÉTÉ.

PAR M. J.-N. MONCHOUX,

MEMBRE DE L'UNIVERSITÉ, ANCIEN PRINCIPAL DU COLLÉGE
DE COMPIÈGNE.

Quid leges sine moribus vanæ proficiunt !
HORAT.

PARIS,

ADRIEN ÉGRON, IMPRIMEUR-LIBRAIRE,
RUE DES NOYERS, N.º 37.

N. PICHARD, Libraire, quai Conti, n.º 5.

1824.

PRÉFACE.

—

Entreprendre une éducation solide, vouloir former l'honnête homme, le citoyen vertueux, le vrai savant, sans prendre pour base la religion, c'est bâtir sur le sable. Ce n'est qu'à cette source divine et pure que l'homme peut puiser l'intime conviction de sa propre excellence, qui l'avertira de ne rien faire de contraire à la dignité de son être, ni au sentiment de son immortelle destination ; le discernement du véritable honneur, qui lui fera peser toutes ses actions au tribunal de sa conscience, et enfin la connoissance des principes immuables qui seront dans tout le reste de sa vie la règle imprescriptible de ses devoirs.

En vain attendroit-on ces heureux effets d'institutions purement humaines. Vouloir la morale sans la religion, c'est admettre la conséquence et repousser le principe; c'est avouer l'effet et nier la cause; c'est en un mot consacrer une absurdité qui n'est comparable qu'à la mauvaise foi de ceux qui la soutiennent.

Telle fut la fatale prétention de ces philosophes, selon l'idée que la corruption des mots et des choses force d'attacher aujourd'hui à ce nom, qui avoient entrepris de ruiner et de détruire ces croyances tutélaires, ces vérités fondamentales, premières conditions d'existence de toute société, qui, tout en débitant de beaux préceptes de morale, ôtoient réellement à l'autorité de Dieu, des rois et des pères, l'attrait qui la fait aimer, le caractère qui la rend respectable, et qui en flattant l'esprit de révolte et d'indépendance, par l'amorce de prétendus droits, anéantissoient de fait le principe et la sanction des devoirs. Et, pour avoir voulu rompre avec le ciel, pour avoir osé, contre la conscience de tous les peuples, juger inutile au maintien de l'ordre social l'intervention d'une Providence éternelle, perdus bientôt dans une vague confusion d'idées, dans une inexprimable anarchie d'opinions, ils furent réduits à n'entasser dans de trop nombreux volumes, sous le brillant coloris de phrases étudiées et sonores, que contradictions, erreurs, impiétés.

L'on n'a pas oublié sans doute que toutes ces creuses rêveries d'imaginations désordonnées; que cette guerre cruelle contre toutes les légitimités, déclarée par l'orgueil, soutenue par le dérèglement des mœurs, favorisée par la foiblesse du pouvoir; que les efforts conjurés de tant de beaux esprits à mettre en œuvre tout ce que le raisonnement a de plus spécieux, le style de plus enchanteur, pour faire valoir leurs monstrueux paradoxes; que ces temps de licence et d'impunité préparèrent de loin cette époque si féconde en malheurs, ces jours de proscriptions et de sang, où les passions déchaînées essayèrent de mettre en action toutes les théories philantropiques; où de farouches niveleurs, la hache à la main, et ne connoissant d'autre argument que la menace de la mort, immoloient sans pitié, sur les débris confondus de l'autel et du trône, toutes les supériorités sociales, toutes les illustrations du nom, du talent et de la vertu, pour établir, dans la nuit du désordre, l'horrible égalité de la bassesse et du crime.

Que pourroit-on ajouter à une si lamentable à la fois et si mémorable expérience? et ne répond-elle pas assez victorieusement à ces sophistes entêtés des faux systèmes de leurs différentes écoles, qui n'opposent à l'évidence que de vaines subtilités et ferment les yeux à la vérité, de peur d'apercevoir, à sa lumière, les travers de leur fausse sagesse?

Encore, si tant de livres impies ou erronés étoient enfin ensevelis dans un oubli mérité; si les maux qu'ils ont causés sembloient nous avoir assez mis en garde contre ceux qu'ils peuvent causer encore : mais ne les voit-on pas trop souvent porter de nouveaux fruits de mort, et produire parmi la jeunesse les plus déplorables effets, sous le double rapport du cœur et de l'esprit? Est-elle si rare de nos jours chez les adolescens, ou cette précoce corruption qui les fait de bonne heure vieillir dans le vice, et usant à la fois leurs forces et leurs facultés, les rend à charge à la société, avant qu'ils aient pu lui être utiles; ou cette inconcevable présomption qui les fait douter et raisonner quand ils devroient croire et obéir, juger et décider, avant de savoir ou de comprendre ? La vérité ne se voit-elle pas tous les jours citer au tribunal de leur foible raison? Et n'est-il pas juste d'y plaider sa cause, lorsque tant d'écrits licencieux et téméraires y prennent la défense de l'erreur et du mensonge? de s'efforcer d'arracher les études et la littérature à l'influence maligne de tant de productions dangereuses, à l'invasion du mauvais goût, pour remettre en honneur ces ouvrages immortels, véritable type de l'art de penser et d'écrire, monumens admirables de raison, de vérité, d'éloquence et de goût, contre lesquels ne prévaudront jamais ni les froides railleries de l'ignorance, ni les puériles objections du bel-esprit moderne, ni les superbes détractions de la médiocrité?

Nous n'ignorons pas qu'il faudroit presque s'excuser auprès de ce siècle frivole de lui faire entendre un langage sérieux; mais quand le vice et le mensonge trouvent tant d'apologistes, est-ce donc à ceux dont une conscience sévère et une effrayante responsabilité tracent le devoir, à se montrer aussi les honteux transfuges de la vérité, et à souffrir qu'une lâche complicité les condamne au silence? Toutes les passions doivent ici se taire, c'est la voix seule de la patrie qu'il faut écouter. Dieu, le Roi, l'Etat, la famille, les mœurs, les lettres, c'est-à-dire tout ce qu'il y a de doux et de sacré, tout ce qui fait le juste objet des respects et de l'amour des hommes, vient à la fois se présenter à l'àme attendrie, et réveille dans le cœur de l'homme de bien les plus touchans souvenirs, les plus vives émotions. Et que sont les vaines clameurs du philosophisme expirant, contre des intérêts si graves, contre des considérations d'une si haute importance? Une bonne éducation est le premier besoin des peuples et la première dette des gouvernemens.

Telle est la pensée du Monarque auguste, digne fils de saint Louis, qui du haut du trône où l'ont placé et les droits de sa naissance et le vœu de nos cœurs, honore la vertu par ses exemples, commande l'amour par ses bienfaits; qui, mettant la justice et la modération dans la guerre, inspirant l'encouragement et l'émulation aux arts de la paix, réconciliant en sa personne sacrée, par un pacte solennel, la monarchie et la liberté, prépare à ses successeurs le modèle de la véritable gloire, à ses sujets de nouveaux siècles de repos et de bonheur.

ESSAI

SUR LA VÉRITABLE IDÉE

DE L'ÉDUCATION,

ASSORTIE A LA NATURE DE L'HOMME
ET AUX CONDITIONS D'EXISTENCE DE LA SOCIÉTÉ.

———

Tant que durera pour l'homme cet état d'imperfection qui captive son intelligence, et met des bornes à la faculté qu'il a de connoître ; tant que relégué, pour ainsi dire, dans ce lieu d'exil, loin du centre vers lequel il tend d'ailleurs de toute la force de ses désirs, il ne verra qu'à travers un voile et comme en énigme, toujours il sera sujet à se méprendre et à s'égarer, toujours l'erreur combattra contre la vérité, jusqu'à ce que celle-ci se révélant tout entière abatte son ennemie à ses pieds, pour commencer cet empire éternel que rien alors ne lui contestera plus. En attendant, ce séjour est comme une arène toujours ouverte où les deux partis sont sans cesse en présence. Non que la vérité manque des caractères propres à la faire reconnoître. L'obscurité mystérieuse dont elle s'enveloppe n'est que l'aliment nécessaire à la foi ; mais c'est qu'elle condamne et réprime les passions injustes, et les passions veulent être satisfaites. Ce sont elles qui ont fait perdre aux premiers humains la connoissance du vrai Dieu, et qui auroient couvert la terre entière de ténèbres, s'il n'eût pris lui-même le soin particulier de conserver son culte et sa loi chez un peuple choisi ; c'est leur débordement parmi les hommes qui a fait asseoir durant tant de siècles l'erreur sur le trône du monde, et rendu toutes les nations esclaves et tributaires du prince du mensonge.

Enfin, le Fils du Très-Haut paroît ; il fait luire une étoile de salut aux hommes qui avoient perdu leur route ; il vient lui-même leur montrer la seule voie où l'on marche sans s'égarer. Il déclare qu'il est la vérité ; qu'en lui réside la vie. Traduit devant le tribunal du gouverneur romain, interrogé sur ce qu'il est, il répond qu'il est roi ; qu'il est né et qu'il est venu dans le monde pour rendre témoignage à la vérité ; que quiconque appartient à la vérité écoute sa voix. Il semble n'être qu'un accusé, et déjà il exerce les fonctions de juge, faisant assez entendre par sa réponse qu'il réprouve d'avance tous les partisans du mensonge, et ne reconnoît pour siens que ceux qui suivent la lumière de la vérité et en observent les lois.

Mais déjà sa mission est remplie : il fonde, avant de retourner à son Père, cette admirable société qui, tout animée de son esprit, toute pénétrée encore des divines instructions qu'elle a recueillies de sa bouche, accomplit la perfection de la loi et montre à l'idolâtrie étonnée le ciel sur la terre. Bientôt elle se multiplie et commence à se répandre dans toutes les provinces de l'empire. Ses immenses progrès alarment et les passions déifiées, qui craignent pour leurs autels, et les empereurs, qui tremblent pour leur puissance. Dès lors sa perte est jurée. On a recours à tous les artifices de la calomnie pour la diffamer, à tous les raffinemens de la cruauté pour lui créer des tortures. Les menaces, les vexations, les supplices, la mort avec toutes ses horreurs, tout est imaginé, exercé, renouvelé avec une infernale industrie, avec une sorte de rage pour ébranler la foi et lasser la patience de ces premiers disciples du christianisme, qui n'opposent à tous les tourmens que leur inébranlable constance, et dociles au précepte comme à l'exemple de leur divin Maître, ne savent que prier pour ceux qui les persécutent. Le sang des martyrs coule de toutes parts; mais ce sang féconde la terre et devient une semence de chrétiens. L'église tire de ses propres pertes le principe d'une force nouvelle ; elle voit ses enfans croître en ferveur et en nombre par les moyens mêmes employés pour les séduire et pour les perdre. Cependant la fureur de ses ennemis ne se rebute pas : aux tyrans succèdent les tyrans ; aux persécutions, les persécutions, et comme pour seconder par une funeste division tant d'efforts conjurés, l'hérésie s'attache sous mille formes différentes à la troubler et à la déchirer.

Enfin l'erreur est vaincue : la vérité triomphe et monte à son tour avec Constantin sur le trône des Césars. Mais les jours de la paix ne sont pas encore arrivés pour elle. Sa destinée ici-bas est de lutter contre des ennemis sans cesse renaissans : si chaque combat devient l'occasion d'une victoire, chaque victoire aussi amène un nouveau combat. Toujours attaquée et toujours défendue, souvent opprimée, toujours triomphante, elle s'avance majestueusement, recueillant dans chaque siècle ceux qui lui appartiennent.

C'étoit dans ces derniers temps que l'attendoit une persécution qui devoit ne le céder en rien à toutes celles que déjà la haine et la fureur lui avoient suscitées. Le génie du mal va faire une dernière tentative pour éteindre et détruire cette religion qui, dans sa course rapide à travers les âges, a toujours enchaîné à son char les esprits les plus profonds et les plus sublimes génies, qui seule a formé et rallié autour de sa bannière sacrée tout ce qu'il y a eu de meilleur et de plus vertueux dans tous les siècles, et qui parée de toutes les vertus, entourée de ses bienfaits et des lois protectrices que lui doit l'humanité, se présente avec cet aimable et brillant cortége à l'admiration et à la reconnoissance de tous les hommes. Ces nouveaux efforts n'auront pas plus de succès. La vérité est établie sur un fondement inébranlable, et les promesses qui lui ont été faites sont infaillibles. Mais l'orgueil s'abuse, et ce que le temps qui détruit tout, ce que les calomnies, les supplices, les vexations et les attaques de tout genre n'ont pu faire, la philosophie, faussée dans sa nature comme dans son objet, se flatte d'en venir à bout. Toute terrestre, concentrant ici-bas les facultés, les désirs et les destinées de l'homme, elle lui enseigne que sa raison n'est qu'un instinct perfectionné, qui pour l'élever passagèrement au-dessus de la brute, ne lui assigne pas d'autre partage : elle lui apprend à ne voir dans les événemens de la vie que les effets d'un aveugle hasard, que des problèmes dont après tout la solution lui importe peu ; et lui ravissant la perspective de la noble destination pour laquelle seule il a été créé, elle le presse de saisir une félicité grossière qui va se perdre au néant : tant est vile l'idée qu'elle s'est faite de l'homme et du bonheur !

Formés à son école, de téméraires docteurs du mensonge se donnent tout-à-coup pour les réformateurs du genre humain. Ils s'attribuent la mission de désabuser le monde de ses vieilles erreurs, et de lui révéler les véritables lumières. Ils introduisent d'abord l'anarchie dans la foi et dans l'intelligence, pour la mettre ensuite dans l'Etat. Acharnés à la perte d'une religion à laquelle leur orgueil ne peut pardonner la profondeur de ses mystères, ni leur corruption, la pureté de ses maximes, ils s'appliquent à la flétrir, à la diffamer, à la ruiner dans l'opinion des hommes. Ses préceptes, ses institutions, ses dogmes, ses espérances, deviennent tour à tour l'objet des plus violentes diatribes, des plus amers sarcasmes. Ils voudroient que les âmes, au lieu d'être fécondées par la rosée salutaire qui descend du ciel, ne fussent plus trempées que des vapeurs mortelles qui s'exhalent de la terre. Hôtes superbes du magnifique palais de l'univers, ils prétendent y dominer en passant sans l'intervention du Créateur, et y fonder sur les ruines des lois éternelles leur empire d'un jour. Renfermant la divinité dans une immobi- lité passive, et ne relevant plus que d'eux-mêmes, ils se flattent de régir le monde et d'ordonner la société par leur fausse et débile sagesse. Ils veulent faire l'essai d'un monde moral et politique à leur manière. Encore peu confians dans leur art imparfait, ils multiplient les expériences sur le corps social, comme un chirurgien novice sur le vil cadavre qu'il dérobe à la poussière. Peu satisfaits d'usurper l'empire du temps, ils aspirent à renverser Dieu du trône de l'éternité. L'espoir du néant devient le premier de leurs dogmes religieux ; la souveraineté du sujet, le premier de leurs droits politiques. Dans le délire qui les abuse, ils ébauchent un monument d'orgueil et de folie ; et bientôt leur propre impuissance les arrête. Ils ont voulu édifier et n'ont fait que détruire. Ils avoient annoncé l'égalité, les droits de l'homme, le beau idéal, le bonheur ; ils n'ont créé que l'esclavage, des crimes, des malheurs et la mort.

On sait dans quel affreux abîme nous avoit précipités l'essai de ces doctrines impies, de tant de faux systêmes. Et quand on songe à d'aussi terribles conséquences, quand on réfléchit sur cette effrayante puissance du mal, quelle profonde pitié n'inspire pas la présomption et l'aveuglement de ces hommes, qui déchaînent toutes les passions, sans prévoir qu'ils ne sauroient les maîtriser ; qui renversent toutes les bases solides, sans songer qu'ils n'ont rien à y substituer qu'un sable mouvant ; qui, pilotes imprudens, lancent sur un élément perfide un vaisseau qu'ils sont incapables de gouverner, lequel devenu bientôt entre leurs mains le jouet de tous les vents contraires, s'abîmeroit infailliblement sous les flots, si une puissance supérieure ne commandoit aux orages, et ne disoit à l'orgueil humain, comme à la mer : tu viendras jusqu'ici.

Sommes-nous donc déjà si loin de ces temps d'ineffaçable mémoire où la société, comme travaillée d'un esprit de vertige et de destruction, paroissoit devoir périr par ses propres mains ! Semblable à un malade qu'une longue convalescence a plongé dans une insurmontable foiblesse, et qui paroît également incapable de supporter la santé ou de survivre à un nouvel accès, elle essayoit à passer rapidement entre le bien et le mal, entre l'erreur et la vérité. A la manière dont elle outrageoit la morale, insultoit à la vertu, fouloit aux pieds tout ce qu'il y a de sacré, on eût dit qu'elle vouloit seulement se hâter de finir. Qui osera sonder la profondeur des blessures que lui a faites l'impiété ? L'antique caractère français, nous voulons dire ce sentiment à la fois religieux et monarchique, magnifique créateur des plus beaux monumens et des plus utiles institutions , n'est-il pas comme effacé par je ne sais quel esprit d'irréligion et d'indépendance, qui brise tous les liens propres à unir la terre au ciel, et les hommes entr'eux ? Et si ce torrent n'a pas tout entraîné, ce qui a pu échapper ne sert qu'à attester l'étendue des ravages. Comme dans les déserts de l'Orient, dans ces mornes solitudes, veuves aujourd'hui de tant de villes opulentes et d'heureux habitans , quelques majestueux débris restés debout au milieu de vastes ruines, semblent n'avoir été épargnés par le temps que pour avertir le voyageur de la richesse et de la grandeur de ce qui n'est plus.

Enfin la Providence a paru assez vengée : elle a signalé sa clémence et peut-être sa prédilection pour un peuple ingrat ; elle a redemandé au malheur et à l'exil le dépôt qu'elle leur avoit confié, et a rétabli pour de nouveaux siècles de prospérité cette monarchie qui compte déjà quatorze siècles de durée ; elle a replacé sur son trône le chef des Bourbons et nous a donné dans la naissance de l'enfant du miracle le gage et l'espoir de la perpétuité de cette race auguste. Elle a pris pitié de nos égaremens, et nous ramène aujourd'hui par le sentiment de nos maux et du besoin que nous avons de son secours, à la route et aux principes dont nous n'aurions jamais dû nous écarter : tant il est vrai que la froide menace de la loi humaine ne sauroit suppléer à l'onction puissante de la loi divine ; que les bonnes mœurs et les vertus sont le plus ferme appui des trônes ; que la religion est la base sur laquelle repose la stabilité des Etats, le frein qui enchaîne les passions, la puissance qui entretient l'harmonie entre tous les élémens du monde social ; qu'un peuple ne rompt pas impunément cette chaîne de devoirs dont le premier anneau est dans le ciel, et que, quand le vent de l'erreur le pousse avec violence au sein tumultueux des tempêtes, il n'a, pour échapper au naufrage, d'ancre de salut que la vérité.

Mais comment est-il possible qu'une nation méconnoisse tout à coup des vérités si frappantes ; que, dans l'affreux délire d'un orgueil sacrilége, elle foule aux pieds tout ce qu'il y a de plus respectable, et mérite que le Dieu terrible qu'elle a osé braver la donne en spectacle à l'univers pour attester à tous les siècles ce qu'il en coûte à détruire ces principes conservateurs des droits des souverains et du repos des peuples ? Ne nous y trompons pas : de même qu'une âme simple ne franchit pas d'abord les bornes de l'honneur et les limites de la vertu, et ne passe pas subitement de la candeur de l'innocence à l'effronterie du vice ; ainsi un Etat flo-

rissant n'arrive pas tout à coup à ce degré d'a-
narchie, d'aveuglement et de corruption : il
s'affoiblit, se dissout peu à peu, et ne tombe
enfin que quand les germes de destruction qu'il
nourrit ont, en se développant, rendu sa ruine
inévitable.

Le dénouement de cette sanglante tragédie fut
la chute du trône qu'avoit précédé le renversement de l'autel : mais, pour préparer ces deux
grandes catastrophes, pour y faire conspirer les
esprits, il fallut pervertir l'heureuse simplicité et
l'antique fidélité de nos pères. La fausse philosophie du dix-huitième siècle prêchoit ouverte-
ment la révolte contre toute autorité légitime,
traitoit la religion de fable, déifioit les passions.
Mais elle sentit qu'elle avoit besoin d'une auxiliaire puissante pour répandre et accréditer ses
monstrueux paradoxes. Elle envahit les écoles,
substitua ses pernicieuses maximes aux leçons
de l'aimable vertu, et ses dogmes impies aux
préceptes d'une religion sainte. Dès lors l'éducation fut d'intelligence avec les doctrines mensongères qui l'avoient dénaturée; elle n'éclaira
plus l'esprit que pour corrompre le cœur. Dé-
tournée de son objet salutaire, elle n'offrit plus
aux enfans que le lait impur de la malice et de
l'impiété, voua au vice des cœurs faits pour la
vertu, et n'eut sur l'esprit public d'autre résultat

que l'entier oubli de Dieu et le naufrage des
mœurs, d'où dérivent tous ces crimes affreux
qui déshonorent notre siècle. Les talens de l'esprit dépourvus de la vertu qui en consacre l'u-
sage, devinrent autant d'armes meurtrières dans
la main des méchans, et l'Etat eut à gémir de la
hideuse célébrité de ces hommes pervers dont
l'éloquence souffloit la discorde, alimentoit les
factions, poussoit au désordre et à la licence.
Grossièrement vicieux, ils auroient pu sans scandale, à l'abri de l'obscurité, vivre dans l'infamie,
mourir dans l'espoir du néant. Mais, secondés
dans leurs coupables projets, dans leur plan
d'innovations par cette supériorité de talens qui,
malheureusement, n'est pas incompatible avec
la dépravation du cœur, ils n'ont que trop réussi
à séduire les esprits ignorans et crédules par l'art
magique avec lequel ils savoient réduire leurs
désolantes erreurs en systèmes et leur immoralité en principes. Ils avoient entrepris de séparer
la terre du ciel; et, à force de prêcher le sacrilége et l'impiété, ils se flattoient de parvenir à
éteindre une religion dont le propre est de
rendre l'homme meilleur.

Le peu de succès de sa première tentative n'a
pas corrigé cette incorrigible philosophie. Ni la
conviction de son incapacité, ni la honte de sa
défaite, ne paroissent l'avoir découragée. Ce pou-

voir supérieur qui se rit de ses vains efforts, qui sait tirer le bien du mal même, qui de la tempête parvient toujours en dépit d'elle à faire sortir le calme; elle s'obstine à le méconnoître et à le braver. Depuis long-temps elle berce l'homme de l'espoir d'un bonheur qui ne doit lui rien laisser à envier au ciel. Hélas ! après l'épreuve lamentable que nous avons faite de ce prétendu bonheur, que dire de la téméraire inconséquence avec laquelle on ébranle encore ces croyances tutélaires, de l'acharnement avec lequel on cherche de nouveau à miner les fondemens de la société, de l'art funeste des sophismes, à l'aide desquels on remet en question tout ce qu'il y a de plus certain et de mieux établi?

Mais ignorent-ils donc ces ardens prôneurs de doctrines perfides qu'il n'y a point dans cet aride désert d'asile à l'abri des tempêtes; que la plus brillante fortune est sujette au plus fâcheux revers; qu'il est des séparations cruelles, des coups imprévus, des situations douloureuses contre lesquelles l'âme ne sauroit être jamais trop préparée, et où elle a besoin d'autres appuis que de creuses abstractions. Que sert alors cette doctrine d'imposture? Toute la consolation qu'elle offre, c'est de n'en attendre aucune.

Dans combien de familles ces funestes doc-

trines n'ont-elles pas porté le deuil et la ruine ?
Combien de jeunes plantes, assiduement culti-
vées par les soins d'une mère religieuse et tendre,
avoient donné les plus belles fleurs, qui, flétries
tout à coup par le souffle de la corruption et in-
fectées dans leurs racines, n'ont plus produit
que des fruits de mort ! Combien de crimes si
multipliés qu'on les remarque à peine, à moins
que quelque odieux raffinement n'en relève l'atro-
cité, et qui prouvent assez jusqu'à quel point les
notions du bien et du mal sont perverties, les
droits de la vertu outragés, les bornes du juste
et de l'injuste confondues !

Pourroit-on lutter jamais avec assez de constance contre ce torrent qui menace de tout en-
vahir ? qui, grossi de nos jours par de nouveaux
orages, semble vouloir rompre ses digues ? Pourroit-on combattre avec assez de succès ces doctrines menteuses qui ne semblent vouloir élever l'homme que pour l'avilir, qui ne lui ôtent
des entraves qu'il ne sent pas, que pour lui arracher des espérances qui le consolent et l'hono-
rent, et qui, éteignant les lumières de sa raison,
le conduisent à travers les ténèbres d'un doute
stupide jusqu'aux limites du temps, où, comme
des génies malfaisans qui ne sourient qu'à l'i-
mage du malheur, elles l'abandonnent dans une
désespérante incertitude, entre les remords du

passé et les terreurs de l'avenir, sans autre ressource que le misérable espoir du néant, qui s'échappe à mesure que les ombres de l'erreur fuient et se dissipent devant la clarté terrible de la vérité.

Voilà le terme inévitable où aboutissent les brillans sophismes de tant de docteurs du mensonge. Encore, s'ils étoient conséquens; si, en débitant ces maximes qui respirent le plus profond mépris de l'espèce humaine, ils consentoient à ne recueillir aussi que le mépris de tous ceux qui renoncent à leur dignité pour embrasser leurs dégradantes doctrines : mais, par une contradiction inexplicable, ils comptent encore pour quelque chose l'estime de l'homme; ils l'invitent à descendre du haut rang que la pensée lui assure, à venir prendre sa place parmi les brutes; et cependant, martyrs de la vanité, ils se consument pour acquérir une gloire périssable. Ah ! c'est que la conscience, plus forte que tous leurs systèmes, leur prouve mieux la grandeur de l'homme, que toute leur corruption ne peut les persuader de sa bassesse.

Pourrions-nous donc encore, après tous les maux qui ont désolé cette terre de prédilection, l'héritage de saint Louis, pourrions-nous nous méprendre encore sur leur véritable cause ?

Seroit il possible qu'un peuple si violemment arraché à ses saintes et antiques institutions, emporté par le tourbillon des orages politiques loin de la route qui seule pouvoit le conduire au bonheur, jeté par les vents contraires de tous les partis et abandonné par des pilotes perfides sur les plages affreuses de l'irréligion et de l'anarchie, seroit-il possible que ce peuple, maintenant qu'il est tranquille au port de la légitimité, fût encore assez insensible à ses plus chers intérêts pour aller de nouveau affronter les écueils contre lesquels il s'est déjà brisé? Un si fatal aveuglement mettroit le comble à nos malheurs. Mais, non; les doctrines mensongères qui nous ont égarés ont été trop victorieusement réfutées par l'expérience pour que l'on puisse les invoquer encore.

Aujourd'hui donc que la religion et la royauté se prêtent un mutuel appui; que la légitimité incline paternellement sur nous un sceptre couronné de grandeur et de gloire, protecteur d'une sage liberté; que la victoire guidée, cette fois, par un Bourbon, en portant d'une main le dernier coup au monstre révolutionnaire, a fermé de l'autre l'abîme qui menaçoit d'engloutir tour à tour tous les trônes; aujourd'hui que la justice et la paix ont resserré les nœuds de leur première alliance; que tous les cœurs semblent

éprouver une salutaire impulsion vers le retour
aux bons principes et à la stabilité de l'ordre;
que, désabusés des fausses théories qui nous auroient infailliblement perdus, nous commençons
à sentir le besoin de faire revivre parmi nous les
idées divines et morales, nous ne saurions trop
reconnoître quelle est l'influence de l'éducation,
afin que la vue des résultats déplorables qu'elle
produit, quand elle est vicieuse, nous fasse mieux
comprendre les avantages qu'elle procure quand
elle est fondée sur la religion et la vertu.

Qu'est-ce que l'homme, considéré à la clarté
de la vraie lumière qui a paru dans le monde?
C'est une intelligence immortelle, image de l'intelligence infinie, qui vient de Dieu, son principe, qui retourne à Dieu, son unique fin; assu-
jétie pour un temps aux besoins d'un corps qui
lui est uni pour la servir, et auquel elle doit
commander; c'est la créature par excellence qui
ne fait que traverser ce lieu d'exil pour s'avan-
cer rapidement vers le ciel sa patrie, et qu'une
juste dépendance oblige à s'acquitter, en passant, des devoirs qu'il a plu au suprême dispen-
sateur de lui imposer, pour recevoir, au terme
de sa course, le prix de sa fidélité à les remplir.
C'est l'être de choix de son auteur qui n'a pas
dédaigné de venir lui enseigner la vérité et lui
apprendre à distinguer au milieu de toutes les

erreurs et de toutes les illusions, la seule route qui puisse le conduire au bonheur.

Mais cet homme, créé pour l'immortalité, pour une si haute destination, vient au monde dans l'infirmité d'une nature déchue de son état primitif : l'ignorance et la foiblesse sont le triste apanage de son enfance ; et, s'il apporte en naissant la faculté de connoître et d'aimer le souverain bien, s'il est doué de raison, de liberté, de ces nobles qualités qui attestent sa grandeur première, il a reçu aussi d'un père prévaricateur le funeste héritage d'une déplorable inclination au mal, qui, si elle n'est de bonne heure combattue, redressée, tournée vers la vertu, le conduit presque infailliblement à sa perte.

Ce seroit donc bien peu connoître la force de ce penchant malheureux qui tyrannise le cœur de l'homme, ce seroit s'aveugler étrangement sur l'origine et la nature de ses devoirs, sur les bornes et l'imperfection de sa raison, que de ne pas sentir le besoin qu'il a d'une éducation solide, qui corrige l'influence maligne de ses passions déréglées, l'avertisse avant tout du prix de son âme, lui révèle la brillante destination pour laquelle seule il existe et lui indique la voie qui peut l'y faire arriver.

Dérobez un instant à vos regards la consolante perspective d'un avenir meilleur, qui seul explique l'homme et le monde ; renoncez à ces hautes et magnifiques espérances pour embrasser les vues étroites, les désolantes maximes de ces apôtres sans mission, qui, détournant l'homme du chemin de la vérité, l'invitent à les suivre dans les sentiers tortueux d'une doctrine mensongère dont le néant est le terme ; qui, ne s'occupant que de ce qui peut flatter l'orgueil de sa foible raison, négligent tout ce qui doit régler ses affections et ses devoirs, et qui, s'efforçant de le distraire de la vue de l'éternité et du ciel, veulent en faire un être d'un jour et un enfant de la terre : que sera-ce alors que la vie ? qu'un vain songe, qu'une grande misère, qu'un effroyable désordre. Que sera-ce que cette terre ? qu'une région âpre et ténébreuse, où nulle route sûre n'est tracée, où nul flambeau certain ne luit, où, sur la foi de lueurs trompeuses, chacun marche péniblement vers le but fantastique qu'il s'est créé dans la nuit des opinions humaines.

Combien, en effet, qui ne font fausse route ici-bas que pour avoir perdu de vue le terme où ils doivent arriver ; qui vivent ainsi au hasard, sans réflexion, sans espérance, sans prévoyance comme sans crainte de l'avenir ; qui ne connoissent que deux choses au monde : des affaires et des plaisirs , sans jamais associer aux soins de la vie présente la pensée de la vie future ! Combien qui, par la plus inconcevable folie, se dégradant eux-mêmes volontairement de leur propre excellence, éteignent dans l'abrutissement les nobles facultés, apanage de leur nature immortelle, révèlent trop souvent la honte de leurs vices par le scandale de leurs crimes, et vont ensuite demander à la terre de les ensevelir tout entiers ! Combien qui, pour être moins coupables, se croient plus sages, parce qu'ils se sont fait du bonheur une idée moins grossière ; qui le placent dans l'éclat d'une fragile renommée, dans la possession de richesses périssables, dans la recherche des plaisirs ou la vanité des honneurs, pour finir par reconnoître et confesser, souvent trop tard, leur fatale méprise ! Entendez un empereur (1) qui, après avoir parcouru tous les degrés de l'ambition, épuisé toutes les jouissances du pouvoir ; après s'être élevé sur les ruines de ses rivaux jusqu'au rang suprême, averti par la mort que le temps est venu d'en descendre, s'écrie : « j'ai été tout ce qu'un homme peut être, et « j'ai vu que tout ne sert de rien. » Ecoutez un de ces hommes extraordinaires (2) qui semblent faits pour réunir en leur personne la sublimité du génie

____

(1) Septime Sévère.

(2) Michel-Ange.

et la perfection des arts, écoutez-le vous dire, dans ce moment où le voile tombe, où les prestiges s'évanouissent, où rien de créé ne sauroit plus remplir le vide de l'âme : « je termine le cours de « ma vie ; je touche au port commun où chacun « vient rendre compte du bien et du mal qu'il a « fait. Ah ! je reconnois bien que cet art qui étoit « l'idole, le tyran de mon imagination, la plon- « geoit dans l'erreur : tout est erreur ici-bas. » Que d'aveux de ce genre nous pourrions citer encore !

Que l'on se place en effet assez haut pour contempler le tableau de la vie, cette scène fugitive du monde, qui passe, se renouvelle et passe encore ; que l'on interroge le cœur de l'homme, ses penchans, ce désir invincible du bonheur qui est le fond de son être, cette ardeur à se porter dans l'avenir ; que l'on considère cette agitation infructueuse, ce choc continuel de toutes les passions parmi tant de misères, pourroit-on déplorer assez le sort de la nature humaine, si la vie n'avoit pas un autre objet, une autre espérance ? Le bonheur de l'individu consistant dans la vérité de sa situation, dans l'exacte conformité de sa fin avec les moyens qu'il a d'y arriver, l'homme seroit le plus malheureux des êtres, puisqu'il auroit le désir et l'idée d'un bonheur qu'il ne pourroit obtenir. Car il ne doit pas espérer de le trouver ici-bas.

Il y a long-temps que la sagesse humaine, vaincue par l'expérience, en a porté l'arrêt ; et tous les siècles l'ont successivement ratifié.

Mais une doctrine émanée du ciel vient découvrir à l'homme la dignité de son être et lui expliquer le mystère de la vie : elle ne dit pas, comme une hypocrite philosophie, à l'infortuné froissé entre la misère et l'injustice : souffre, c'est ta destinée. Garde-toi bien de troubler l'harmonie de l'ordre. Plus raisonnable et plus amie de l'homme, elle ne prescrit point de sacrifice à sa résignation sans lui en faire entrevoir le motif et le dédommagement. De crainte que l'impunité du vice, que le triomphe du crime heureux ne le décourage, elle lui fait voir que déjà une grande justice s'exécute, et que le moment viendra où tout sera parfaitement à sa place ; elle lui apprend qu'il trouvera le dépôt de ses œuvres au-delà de cette terre sur laquelle il ne fait que passer, et elle grave profondément dans son cœur ce sentiment d'immortalité, base essentielle de tout ordre social, principe de tout droit et de tout devoir, de toute autorité et de toute obéissance.

Cependant des hommes se sont rencontrés assez pervers pour entreprendre de ravir à la vertu l'espoir de la céleste récompense qui lui est préparée. Mais quoi ! tandis que tout dans le monde marche vers sa fin, que tout accomplit sa destinée, l'homme seroit-il le seul à tromper le dessein du Créateur ? Formé pour la vérité, ne devroit-il être que le misérable jouet des illusions qui tour à tour le séduisent ? Né pour un souverain bonheur, devroit-il se consumer à en poursuivre infructueusement le fantôme dans l'obscurité de ses passions orageuses ? Non, il est doué d'une vaste intelligence que la vérité seule peut remplir; son cœur, dévoré du besoin d'aimer, s'élance au-delà des temps dans un amour immense. C'est donc pour la fin qui lui est propre que l'homme doit être élevé. Tout doit être grand, tout doit être noble dans son éducation, parce que tout doit y respirer le sentiment de sa glorieuse destinée. C'est là le but principal vers lequel tout doit tendre, tout doit être dirigé; les facultés de l'esprit aussi bien que les qualités du cœur, et l'instruction qui polit et la science qui éclaire, et les talens qui élèvent au niveau des emplois, et les arts qui embellissent la vie.

Une éducation solide est donc celle qui fait travailler de concert la religion, la vertu et la science à former l'homme pour la double fin pour laquelle il est fait, pour la société permanente où sa place est marquée, pour cette société voyageuse où son poste est fixé; qui grave, non sur des tables muettes, mais au fond de son cœur ces lois éternelles d'ordre et de justice contre lesquelles le temps ni l'erreur ne sauroient prescrire; qui lui apprend que, pour être vraiment vertueux et homme de bien, c'est dans le ciel qu'il faut placer le principe, la règle et le prix de ses actions : lui fait faire l'estime et le choix que la raison seule indique entre l'erreur et la vérité, le vice et la vertu, le bien et le mal, le temps et l'é-ternité; et, après l'avoir introduit dans la seule route qui mène à une félicité durable, le remet entre les mains de sa conscience, compagne que la bonté divine lui a donnée pour faire avec lui le périlleux trajet de la vie, voguer à ses côtés sur la mer orageuse du monde, le sauver des écueils et le conduire heureusement au port.

Sans doute la culture du cœur doit être ac-compagnée de l'étude des connoissances utiles et agréables qui perfectionnent le goût et font le charme de la vie. Sans doute il faut instruire la jeunesse, agrandir le cercle de ses idées, mul-tiplier pour elle les sources du savoir et du ta-lent. Hélas ! la première plaie de l'homme est l'ignorance; son esprit n'est à l'aise que dans les ténèbres; il craint de soulever le voile, de peur d'apercevoir la vérité. Offrez-lui des lumières sûres qui guident ses pas errans dans le laby-rinthe de la vie; formez des hommes capables d'exercer les fonctions qui font la sûreté et l'harmonie de la société. Les études ne sauroient être trop sévères, trop complètes. Le relâchement que l'on voudroit y introduire, la précipitation avec laquelle on se hâte de les terminer, sont également propres à en faire avorter les fruits. Le meilleur esprit a besoin d'être formé par un travail persévérant. Le plus beau naturel dégénère bientôt, si l'étude, comme une seconde mère, ne le nourrit et le conserve ; et ce n'est qu'après un long et pénible enfantement qu'elle donne enfin un homme à la société.

Les travers trop fréquens du talent n'empêchent pas qu'il ne résulte d'inappréciables avantages de la culture de l'esprit ; et si l'abus de l'éloquence, l'orgueil du savoir, la corruption des arts de l'imagination nous ont causé tant de maux, il faut en accuser les hommes et non les lettres, sans la lumière desquelles tant de belles instructions seroient maintenant ensevelies dans les ténèbres. Il faut reconnoître et répéter avec l'orateur romain qu'elles sont de tous les temps et de tous les lieux ; que la jeunesse y trouve une nourriture qui lui convient, la vieillesse un exercice qui l'amuse ; qu'elles rehaussent l'éclat de la prospérité, tempèrent l'amertume des disgrâces ; que le solitaire en fait ses délices, l'homme du monde sa parure ; que l'étude des lettres

élève l'âme, affermit le courage, retrempe le caractère, forme le vrai sage et affranchit de ces
passions qui charment, tourmentent, déshonorent, abrègent l'existence de l'homme. Aussi
tous les esprits justes et droits se sont-ils accor-
dés dans tous les temps sur l'inestimable prix
d'une instruction bien dirigée.

Qu'un jeune homme soit doué d'un esprit
pénétrant et d'un bon cœur ; si l'étude vient ex-
ploiter ce riche fonds, c'est alors que ce beau naturel se développe et prend un rapide essor vers
tout ce qui est grand et honorable. Le sol est-il
ingrat ? N'en désespérez point : il a été donné à
une culture persévérante de défricher avec succès le plus aride terrain, de féconder la stérilité
même. Mais, si la première jeunesse ne reçoit
qu'une instruction superficielle, ou languit dans
un triste abandon, alors, avec les plus heureux
penchans, la candeur de l'âme s'altère, l'apti-
tude au bien s'affoiblit, dégénère et s'éteint.
Que sera-ce si les inclinations sont basses, si la
nature est vicieuse ? Qui pourra jamais arracher
toutes les mauvaises herbes qui vont croître
dans ce champ délaissé ?

Les premières années sont-elles donc faites
pour être consumées sans fruit ? Le temps de
s'instruire une fois perdu, est-il donc si facile à

retrouver? Le bel âge ne passe-t-il pas comme une fleur, qui en est le fragile symbole? Quoi ! un jeune homme devra être appelé à exercer des fonctions publiques, et on le croira toujours assez instruit? Il aura peut-être à prononcer sur les débats élevés entre ses concitoyens, à décider de leur fortune, de leur vie, et on ne se mettra point en peine de graver dans son esprit les idées du bon, du vrai, du juste ! Tous les grands hommes qui ont illustré leur patrie, qui ont entrepris et exécuté d'utiles travaux, n'ont-ils pas préparé dans la retraite et par de sérieuses études les matériaux brillans de leur juste réputation? Une jeunesse molle et oisive est-elle donc l'apprentissage d'une vie laborieuse et utile? N'est-ce pas la lime qui polit le fer, le feu qui épure l'or? C'est donc une éducation mâle et vigoureuse qui endurcit de bonne heure au travail, fait éclore les vertus, donne de l'élévation à l'âme, met en état de faire honneur à sa patrie, d'en remplir dignement les premières places, et de faire revivre ces louables sentimens de générosité et de désintéressement dont les histoires anciennes et la nôtre offrent de si beaux modèles! C'est l'étude qui dresse aux exercices les plus dignes de l'être pensant ; qui met en société avec ce qu'il y a eu de meilleur dans tous les siècles et corrige la pente au vice par l'exemple du bien. Qu'on n'attende rien de ces éducations lâches qui n'en méritent pas le nom, qui ne sont qu'une ébauche imparfaite, et dans lesquelles on voudroit allier la sévérité de la règle avec la dissipation, et l'amour du travail avec le goût de toutes les frivolités qui en détournent. Non qu'il y ait dans une éducation raisonnable rien de triste, ni d'austère : l'étude a ses douceurs, l'innocence ses plaisirs. Quand l'âme est neuve et simple, tout lui devient une source de jouissances. Le bonheur véritable réside dans le contentement du cœur. Les satisfactions de l'esprit sont pures et durables, et une occupation paisible n'a rien à envier à une turbulence laborieusement oisive.

Heureux le jeune homme qui sent le besoin qu'il a d'une éducation solide, qui cherche dans les conseils de la prudence et dans le goût des saines études une direction sûre pour son esprit, une sauve-garde pour son cœur; à qui l'amour des sciences ou des lettres tient lieu de tous les futiles amusemens qui séduisent les hommes ordinaires ; qui s'élève pour l'honneur de sa famille et la gloire de son pays, à l'ombre d'une autorité tutélaire; et qui, docile à la voix qui le guide, se lance vers les vertus sublimes, vers tout le bien auquel la jeunesse puisse atteindre : semblable à ce lierre condamné par la nature à ramper jusqu'à ce qu'il rencontre un arbre, un mur dont l'appui serve de degré à son élévation.

Voyez comme il s'y attache étroitement, comme ses rameaux l'embrassent, le pressent et profitent avec joie d'un soutien nécessaire à leur faiblesse. Bientôt ce n'est plus cet arbuste obscur qui se cachoit sous l'herbe ; c'est une tige florissante qui s'élève fièrement dans les airs, qui déploie ses branches chargées de fruits et de verdure, et dont la cime triomphante surpasse et couronne la tête de son bienfaiteur.

Mais de fortes études ne sont à la portée ni à la convenance de tous ; tandis que tous peuvent participer au bienfait d'une bonne éducation, qui, en s'appliquant à développer surtout les facultés morales, embrasse à la fois le cœur et l'esprit, distribue à chacun le degré d'instruction que comportent ses moyens ou ses forces ; et en même temps qu'elle ouvre au talent et au génie les carrières honorables, apprend au plus grand nombre, non à sortir de leur condition, mais à s'y plaire ; non à se livrer aux calculs de l'ambition et aux inquiétudes de la vanité, mais à estimer l'état auquel ils sont appelés, et à se dévouer aux devoirs qui y sont attachés : ce qui est le fondement de toute justice et la substance de toute vertu.

Car, que l'on y prenne garde : l'effet le plus désirable de l'éducation est de donner la science des devoirs. La société a moins besoin de talens encore que de vertus. Pour la plupart des enfans qui peuplent les écoles, ce n'est pas d'une science spéculative qu'il s'agit ; il en est un grand nombre à qui leurs forces ordinaires ne permettent pas d'aller bien loin dans l'étude des lettres et des sciences. Mais, si tous ne sont pas propres à posséder de vastes connoissances, aucun n'est dispensé de travailler à acquérir des vertus. La société n'en seroit pas plus pauvre de talens : car, loin que la vertu ait jamais arrêté l'essor du génie, elle en est au contraire la plus féconde inspiration.

Il est donc bien important de surpendre pour ainsi dire la nature, d'avertir les enfans de la sublimité de leur être, de les pénétrer de ces dogmes consolateurs qui sont le germe des grandes actions et la plus forte sanction des devoirs. Et comment n'en sentiroit-on pas la nécessité, lorsqu'on ne peut nier les déplorables ravages que font chaque jour tant de productions impies qui flétrissent audacieusement tous les monumens de la vénération publique, enlèvent tous les appuis, flattent les passions, et qui, essayant de remplacer les principes vivifians de la morale divine par les froides et creuses abstractions d'une raison aussi aveugle que superbe, ne présentent à l'homme que de fausses lueurs qui augmentent ses ténèbres !

C'est leur indulgence pour le vice qui fait la fortune de ces doctrines pernicieuses. Elles entrent à l'insu des pères au sein de leur famille pour y porter le trouble, le malheur et l'infamie. Ah ! s'il est vrai qu'il est peu de ces grands coupables inaccessibles au remords comme au repentir, de ces nouveaux Salmonées qui osent attaquer le ciel et qui effraient la société du scandale de leur incorrigible folie ; s'il est vrai qu'il est peu de cœurs assez pervers, d'esprits assez faux pour ne pas se rendre enfin aux leçons de l'expérience et du malheur ; s'il est vrai qu'il y a peu d'hommes qui, après s'être égarés dans les routes du vice, ne reviennent à une meilleure conduite ; puisse l'éducation bien dirigée donner à la jeunesse, qui est l'espoir et l'avenir de la patrie, ces principes certains qui préviennent les travers, et épargner ainsi à la société les maux que lui causent les fautes, les erreurs et les crimes !

C'est dans le commencement que l'homme demande plus de soin : les premières impressions sont durables et les affections conçues dès l'enfance ne s'effacent jamais. Heureux celui dans lequel le goût de la vertu a devancé les atteintes du vice ; qui a trouvé dans la tendresse paternelle son guide le plus assuré et qui marche icibas sous les yeux du juge immortel entre les mains duquel il retrouvera le dépôt de ses œuvres. Tel qu'un bon fils qui, loin d'une tendre mère, en place sous ses yeux les traits chéris, comme pour la rendre témoin de son assiduité, et qui puise dans cette délicieuse pensée le plus puissant encouragement de ses devoirs, et le plus doux charme de ses peines.

Sans doute le savoir a son prix : qui oseroit le contester ? Il est beau d'être pour l'innocence une égide impénétrable aux traits de l'oppression ; il est grand d'être pour l'humanite une digue puissante contre les attentats de la malignité et de l'envie, de conserver l'héritier légitime dans le champ de ses pères ; il est magnifique d'éteindre le feu des discordes civiles, de multiplier les élémens de la prosperité publique, de cimenter sa gloire du bonheur de ses semblables. Mais l'éloquence, ce riche présent du ciel, dénaturée par l'orgueil et le mensonge, peut devenir une arme meurtrière. L'esprit, le don de la parole ont servi trop souvent à propager l'erreur, à soulever les passions, à défendre de dangereux systèmes. Et qu'importe que l'homme soit plus éclairé, s'il n'en devient pas meilleur. Que nos jeunes élèves apprennent donc que la beauté du talent ne supplée pas à celle de l'âme ; que les lumières ne rachètent pas la perversité ; que le vice peut bien ravir des hommages ; mais qu'une fois dépouillé du prestige qui l'environnoit, il est obligé de descendre du haut rang qu'il avoit usurpé et de laisser enfin la vertu triomphante jouir de tous ses droits; qu'il passe et que la vertu seule demeure. Oui, la vertu est le vrai bien de l'homme. La honte ou le regret de l'avoir perdue enfante le remords dans l'âme du coupable. Sa présence fait habiter dans le cœur qui la possède le calme heureux de la paix, la joie pure d'une bonne conscience. C'est pour elle que furent les siècles qui ne sont plus; c'est par elle que l'univers est un spectacle digne des regards du ciel. Etrangère aux tempêtes qui agitent le monde, elle réside dans ce séjour d'une sérénité éternelle qui domine la vallée des orages. Si quelquefois elle paroît obscurcie, bientôt un rayon vainqueur perce les nuages, et nous la montre plus belle et plus éclatante. Et tandis que le méchant ensevelit dans la tombe avec sa dépouille mortelle, ses désirs périssables, elle, céleste comme son origine, semblable à cet oiseau qui fixe le soleil, elle dédaigne la terre, et, portée sur les ailes de l'espérance, s'élance au sein de sa patrie immortelle.

L'impiété voudroit-elle ne voir qu'une illusion dans ce sentiment sublime d'immortalité? Voudroit-elle que l'homme ne fût qu'un être d'un moment, jeté sur la terre par le hasard, pour une existence passagère, sans but comme sans objet;

que son avidité à poursuivre tout ce qui lui offre l'image du bonheur ne fût qu'une erreur invincible qui se joue de ses sens? Ah! que ceux-là le croient qui en sont dignes !

Protectrice née de la vertu et des mœurs, fidèle aux pures et antiques maximes, riche des travaux et des méditations de tout ce qu'il y a eu de plus savant et de plus vertueux dans tous les siècles, forte de tant de précieux souvenirs et de saines traditions, l'éducation repose sur les idées conformes à la nature et à la grandeur de l'homme. Si c'est dans la bouche et dans le cœur des rois que devroient se retrouver la justice et la bonne foi bannies de la terre, c'est dans le sanctuaire des écoles, c'est dans les leçons et le cœur des maîtres, que devroient se réfugier la morale et la vérité. Responsables aux familles du plus précieux de tous les dépôts, ils ne doivent rien négliger pour remplir dignement un si haut ministère. Ouvrir aux jeunes gens la source des pures connoissances et du véritable talent, leur faire aimer l'ordre, la concorde, la justice, la droiture et tous ces biens inestimables qui sont le noble apanage de l'homme moral ; les préserver de la contagion du vice et les appeler aux heureuses destinées de la solide gloire et de l'aimable vertu, c'est le premier devoir de l'éducation et sa dette la plus sacrée.

Elle seroit donc imparfaite; elle ne rempliroit ni les intentions des gens de bien, ni le vœu de la société, si elle ne faisoit marcher de front l'enseignement de la vertu et celui de la science; si, ne s'occupant que des facultés de l'esprit, elle laissoit le cœur dans un déplorable abandon. Loin de résister au torrent, elle ne feroit qu'accroître le mal. Chargée de conserver et de transmettre le dépôt des saines traditions, elle les verroit bientôt se dénaturer et se perdre. Destinée à maintenir les droits de la vertu et du vrai talent, elle sembleroit se liguer avec le génie du mal. Le scandale seroit placé aux sources mêmes de l'ordre, et la société seroit frappée dans ses fondemens.

Car il y a pour les sociétés comme pour les individus une vie de raison et d'intelligence dont les croyances et les doctrines sont l'aliment, et qui, comme la vie du corps, est subordonnée à des lois positives et invariables; et les peuples, non plus que l'homme, ne sauroient violer ces conditions de leur existence morale sans tomber dans la dissolution et dans la mort. C'est par la vérité que s'entretient et se conserve cette vie intellectuelle qui se perd et s'éteint dans l'erreur. Ce sont les doctrines qui éclairent ou obscurcissent, qui tuent ou vivifient l'intelligence, selon qu'elles sont puisées à l'une ou à l'autre de ces

deux sources, et les actions sont étroitement
liées aux principes dont l'influence immédiate
s'exerce sur toute la conduite de la vie : influence
dangereuse ou salutaire que l'éducation peut ef-
ficacement prévenir ou diriger.

Elle n'y sauroit toutefois réussir sans appeler
à son secours la religion son alliée inséparable :
c'est son union avec cette fille du ciel qui fait sa
force, et le principe de ses succès ; qui la rend l'a-
sile de la pudeur, la sauve-garde des mœurs pures, le berceau des bonnes études, la source des
vraies lumières.

Mais est-on bien aussi persuadé qu'on devroit l'être de cette importante vérité ? Toute évi-
dente qu'elle est, est-il si rare qu'on l'ignore ?
Ne prend-on pas trop souvent pour l'éducation
ce qui n'en est que l'ombre ? Ne semble-t-on pas
croire généralement que sa tâche longue et pénible est toujours assez facile et toujours assez tard
terminée ? Ce qu'on laisse le moins apprendre
aux jeunes gens, n'est-ce pas l'art de bien vivre ?
Avec le temps nécessaire au développement de
leurs facultés morales, ils remporteroient des
écoles, non ces connoissances superficielles qui
conduisent tout au plus à la présomption de l'i-
gnorance, mais une instruction plus approfon-
die qui donne le goût de la véritable science et

prépare les beaux talens, et leurs premiers progrès ne donneroient pas en vain des espérances pour l'avenir. Mais le contraire arrive : lorsqu'ils sont au moment où le nuage qui obscurcissoit leur raison commence à se lever, où ils seroient en état de joindre la réflexion au travail et par là d'en doubler le fruit, on se hâte de les faire entrer dans le monde, de leur imposer des états avant qu'ils se doutent de la manière de remplir les devoirs qui sont attachés à leur nouvelle existence. Les instructions qui leur ont été données et qu'ils étoient incapables de bien saisir encore, n'ont imprimé en eux que des traces légères qui sont bientôt effacées. Aussi leur vertu imparfaite et chancelante ne tient-elle pas long-temps contre les attaques du plaisir et de la séduction. L'arme du ridicule, qu'on ne manque pas d'employer contre eux, leur porte des coups certains. Une froide et misérable raillerie les fait bientôt rougir de leur foi. Devenus à leur tour et à bien peu de frais des esprits-forts, ils rient de leur ancienne simplicité, s'étonnent de leur primitive innocence. Ne pouvant plus rien soutenir de sérieux, emportés par le goût des plaisirs, unique ressource des âmes vides, ils sont bientôt incapables de se contenter d'aucun état, ou n'y portent que la vanité à la place du savoir, l'amour-propre au lieu du mérite réel, et vont grossir chaque jour le nombre de ces êtres inutiles ou

dangereux qui surchargent ou inquiètent la société. Et n'a-t-on pas vu même de ces malheureux adolescens, dont l'aveuglement feroit pitié
si la douleur n'absorboit tout autre sentiment,
dégoûtés de vivre avant d'avoir vécu, se précipiter de sang-froid dans l'horreur du néant, s'arracher avec violence à tous les devoirs, à toutes
les affections louables, et rompre brusquement
tous les liens qui les attachoient à la vie et à l'espérance ?

Le moyen de prévenir ces déplorables résultats, c'est de donner aux études la durée qui les
perfectionne, en leur rendant la sage direction
qui les sanctifie ; c'est de sortir enfin de cette
fatale indifférence qui méconnoît la salutaire influence d'une bonne éducation, qui abandonne
les jeunes gens à eux-mêmes dans la saison la
plus orageuse de la vie, dans un âge où l'oisiveté
devient l'auxiliaire la plus puissante de tant d'ennemis conjurés pour les perdre ; qui les expose
dans le temps des erreurs sur la mer enchantée
du monde, sans autre boussole que leur inexpérience, et qui fait que le plus grand nombre
finissent par le double naufrage de la raison et
de la vertu.

Et aussi combien peu d'hommes deviennent
ce qu'ils devoient être ? De combien de vertus, de

talens, de ressources, la société n'est-elle pas frustrée? Combien de lumières qui devoient briller et qui sont enveloppées sous les nuages des passions? Tel devoit honorer sa famille, soutenir son nom ou le faire connoître, qui languit tristement sous l'empire de la séduction, loin de son devoir et de sa gloire. Celui-là étoit né avec les plus heureuses dispositions, et le voilà qui anéantit dans le vice toutes ces belles qualités. Un autre étoit doué de capacité, qui a enfoui son talent et a tout perdu dans l'ignorance. Et c'est ainsi que parmi le grand nombre de jeunes gens qui trompent le présent et déshéritent l'avenir, qui manquent à la fois à Dieu, à la société et à eux-mêmes, il s'en trouve beaucoup qui se perdent, moins pour être vicieux au fond ou méchans, que pour n'avoir pas été bien dirigés, qui marchent en aveugles dans le sentier tortueux du vice, sans se douter de tout le bien dont ils auroient été capables, et qui, s'accoutumant à vivre par imitation, cherchent en autrui, pour s'affermir dans leur fausse route, les suffrages que leur conscience leur refuse.

Je sais que la meilleure éducation s'est souvent démentie; que les fleurs du jeune âge les plus heureusement écloses se sont plus d'une fois changées en fruits amers pour l'âge mûr. Mais, si l'empire des passions est plus fort que le sentiment du devoir, c'est tout justement pour cela qu'il faut former le cœur avec plus de soin. De ce qu'une place importante est mal défendue de sa nature et offre prise de toutes parts à un ennemi infatigable, est-ce une raison de la moins fortifier ou de la garder avec moins de vigilance? Parce qu'une digue est près de céder à la violence d'un fleuve dont les eaux mutinées menacent de tout submerger, est-ce un motif pour ne pas travailler à la rendre plus solide et plus capable de maîtriser ce torrent dévastateur? Un athlète robuste qui s'est endurci aux travaux, qui s'est exercé à tous les genres de fatigues, qui se présente dans la lice avec tous les avantages qui semblent devoir lui assurer la victoire, a trop souvent encore à déplorer la honte de sa défaite. Les chances du succès seront-elles plus favorables pour un corps foible, énervé par la mollesse? On voit donc que l'objection serviroit de preuve, et que, plus il est facile au vice de l'emporter sur les préceptes, plus il devient nécessaire de prémunir de bonne heure les jeunes gens contre les dangers qui naîtront en foule sous leurs pas, et de leur faire attendre la récompense de leurs bonnes actions, non de l'estime frivole et changeante des hommes, mais de l'aveu seul de celui qui tient les couronnes éternelles et les distribue au gré de sa justice.

Pour faire sentir aux parens jusqu'à quel point

il leur importe de ne pas se méprendre sur une obligation que leur imposent à la fois la religion et la nature, ne devroit-il pas suffire d'invoquer tour à tour le témoignage de ceux qui, pour l'avoir sagement remplie, ont trouvé dans leurs enfans leur consolation et leur bonheur; et de ceux qui, pour y avoir manqué, se sont préparé d'inutiles regrets et des larmes amères?

Mais, si l'interêt particulier des familles plaidoit encore trop peu la cause d'une éducation solide, la société, après un tel ébranlement, après de si terribles secousses, n'a-t-elle pas acquis assez chèrement le droit de se faire écouter?

O vous, semble-t-elle nous dire, que j'ai revêtus d'une sorte de paternité publique, montrez-vous dignes d'une si noble tâche ! Des doctrines meurtrières m'ont envahie de toutes parts ; elles ont pénétré jusqu'en mon sein pour y dessécher ce germe fécond de force et de vie qu'une morale divine y a déposé ; elles sapent sans relâche ces fondemens antiques sur lesquels une législa-tion venue du ciel m'avoit si solidement affermie. Luttez courageusement contre ce torrent qui menace de tout entraîner ; soutenez avec persévérance les droits sacrés de la vertu et des mœurs : que je ne sois pas réduite à n'avoir plus d'autre parti à prendre que d'assister en gémissant au spectacle hideux de ma propre dissolution. Emparez-vous de l'enfance, éclairez la jeunesse ; découvrez-lui les piéges dont on veut l'environner ; défendez-la contre cette séduction cruellement astucieuse, qui ne la flatte que pour la pervertir. Cette génération est tout mon espoir. Faites-en des hommes nouveaux qui n'aient rien contracté du levain impur de tant d'erreurs et d'impiétés : c'est entre leurs mains que dans peu je serai remise ; c'est dans leurs rangs que l'autorité choisira bientôt ses organes, la justice ses oracles, la vérité ses interprètes. Portez devant eux le flambeau des idées divines à travers toutes ces œuvres ténébreuses, toutes ces productions du mensonge ; gravez profondément dans leurs cœurs les notions du bon et du juste ; ces grandes et fortes vérités, source éternelle de tout ordre et de toute paix : qu'ils ignorent entièrement, ou qu'ils ne connoissent que pour les frapper de réprobation, ces principes prétendus régénérateurs qui n'ont encore enfanté que d'affreuses calamités.

Qui pourroit entendre sans émotion les accens de cette voix suppliante ? Et seroit-il digne de participer encore aux fonctions de l'enseignement celui qui oublieroit un instant que de l'éducation de la jeunesse dépend l'avenir de la société ? Car on ne peut se dissimuler que sa plaie la plus profonde est ce renversement total d'idées et de principes, cette immoralité avouée, cette fermentation sourde, cette fierté séditieuse qui ne veut plus reconnoître dans l'autorité un droit, pour ne plus voir dans l'obéissance un devoir. C'est là le grand mal qu'il faut guérir, et contre lequel il n'y a de ressource efficace que dans le rétablissement des mœurs : tous les autres remèdes ne feroient que pallier nos maux ; il faut remonter à la source. N'est-il pas temps enfin de renoncer à cette manie de systèmes dont l'expérience devroit bien nous avoir corrigés ? Si nous voulons jouir sans inquiétude des avantages du présent, n'avoir plus de tempêtes à redouter pour l'avenir et ne pas rendre infructueuses les cruelles leçons du malheur, c'est trop peu de n'améliorer que les choses. L'édifice de nos maux s'est élevé sur les théories prétendues du bonheur. Les plus sages institutions ne tiennent pas contre le torrent des vices et ne sont qu'un foible rempart contre les entreprises des méchans. C'est l'homme qu'il faut rendre meilleur. Que la religion règne dans les cœurs ; que sa sublime morale cimente la société des triomphes de la vertu, et il n'y a plus de secousse à craindre pour le trône, ni de trouble pour l'Etat.

Développer les talens de l'esprit par l'étude, former le cœur par la vertu, conduire l'homme à la fin pour laquelle il est né, le disposer à s'acquitter un jour, pour son bonheur et celui de ses semblables, des fonctions auxquelles la Providence le destine : tel est, au résumé, l'abrégé d'une éducation bien faite.

Mais qui ne sait quelles précautions il faut prendre, quels obstacles il faut vaincre, à quelle heureuse industrie il faut avoir recours pour accomplir cette œuvre importante? Quel éloignement, quel dégoût la légèreté de leur âge inspire aux jeunes gens pour les occupations sérieuses et utiles ! Avec quel dédain ils rejettent tout ce qui peut les instruire et les former! Avec quelle ardeur ils recherchent tout ce qui les flatte et les amuse ! Que d'écueils semés sous leurs pas ! Que de difficultés traversent les intentions les plus pures des maîtres les plus vertueux ! Combien d'ouvrages impies et obscènes, également dangereux pour leur esprit et pour leur cœur, sont offerts tous les jours publiquement à leur imprudente curiosité ! Combien que tolère entre leurs mains la plus coupable condescendance ! Combien qui, trompant la plus active vigilance, sont introduits furtivement, par une main perfide ou vendue, jusque dans les écoles, et vont déposer des germes de révolte et de corruption dans ces asiles qui devroient être constamment le sanctuaire de la paix, de l'innocence, de la soumission et de l'étude !

C'est là un des plus grands dangers dont on doive s'occuper de préserver la jeunesse, et s'il faut d'abord lutter avec zèle et persévérance contre les obstacles qui pourroient contrarier le succès, il n'est pas moins important de prendre ensuite tous les moyens de l'obtenir.

Or, il n'y en a point à espérer sans l'exemple. Rien n'est comparable à l'ascendant qu'il exerce sur les hommes, naturellement portés à l'imitation. Il est plus fort que tous les préceptes. Et, comme de toutes les leçons que l'on donne aux enfans, les plus dangereuses sont toujours celles qu'ils retiennent, le premier devoir de toutes les personnes placées au-dessus d'eux, est de ne leur donner que l'exemple du bien : car le vice, quand il se trouve réuni à l'autorité, emprunte de cette alliance un caractère de dignité qui n'est pas en lui, mais qui lui donne une espèce de sanction et ne le justifie que trop aux yeux d'une jeunesse aussi aveugle que crédule. Et, si lors même que les enfans ne reçoivent que de bons exemples, il est si difficile encore de modérer leur penchant au mal, la tâche sera-t-elle moins pénible, lorsqu'ils auront non-seulement à surmonter leurs inclinations vicieuses, mais encore à triompher de la contagion du mauvais exemple? Quoi ! dans un âge plus avancé, où pour faire le bien il suffiroit de le vouloir, les passions sont encore souvent la seule loi que l'on consulte ; et l'on voudroit que des enfans s'élevassent par leurs propres forces à la pratique de la vertu ! Il est bien plutôt à craindre qu'en voyant ceux qu'ils doivent respecter et honorer par devoir, enfreindre sans scrupule les divins préceptes dont on veut leur apprendre à ne point s'écarter, ils n'en concluent que la religion n'est faite que pour les enfans ou pour les sots, et qu'une fois échappés de nos mains le premier acte de leur liberté ne soit l'abjuration, sinon publique, au moins tacite des principes que l'on se seroit appliqué à graver dans leurs cœurs, et l'échange de la noble dépendance du devoir contre le honteux esclavage du vice.

A ce premier ressort si puissant, il faut joindre une discipline ferme et juste, qui en même temps qu'elle est une protection et une sauve-garde pour la bonne conduite et l'amour du travail, s'efforce d'obtenir de la paresse opiniâtre et de la mauvaise volonté, par l'effet de la crainte, ce qu'on espéreroit en vain des remontrances adressées à une âme hautaine, ou des encouragemens offerts à un cœur dur et ingrat; une discipline sage et prudente qui sache varier les moyens, quoique pour arriver au même but : car, de même que des plantes diverses demandent une culture différente, ainsi il faut appliquer à chaque caractère la direction particulière qui lui convient. Et, s'il existe de ces heureux naturels qui n'ont besoin que d'apercevoir le bien pour l'embrasser avec ardeur; qui, attentifs à distinguer la voix de leur guide et dociles à la suivre, devancent son zèle par leur application, justifient son amitié par leur douceur, couronnent ses soins par leurs succès; combien aussi d'enfans insoucians qu'il faut émouvoir et rendre sensibles; combien de dissipés qui éteignent dans le jeu le germe des plus belles qualités, qu'il faut accoutumer à fuir l'oisiveté et à aimer le travail; combien de susceptibles en qui l'amour-propre est le vice dominant, sans rien avoir de ce qui pourroit le rendre une vertu, et devant qui il est si difficile de trouver grâce, tout en usant envers eux des plus sages ménagemens? Quel art ne faut-il pas pour triompher de tant de défauts? Quelles qualités exige un tel ministère ! Quintilien, trop souvent digne de nous donner des leçons, pensoit que la discipline la plus sévère l'étoit encore trop peu; le maître le plus irréprochable n'étoit pas pur à ses yeux. Quelle idée doit donc avoir de ses devoirs un maître chrétien qui connoît le prix des âmes !

La légèreté, la dissipation sont, de l'aveu de tous les parens, les deux plus grands ennemis de l'application, condition première de tout travail sérieux. Quelle grave erreur est-ce donc de ne vouloir refuser à un enfant dans le cours de ses études aucun de ces bruyans plaisirs qui, agissant avec force sur les sens, produisent souvent de fâcheuses et d'ineffaçables impressions ! Un des plus importans devoirs de l'éducation est de rendre l'étude aimable, de mettre toujours, autant que possible, la bonne volonté d'intelligence avec le devoir. Or, je le demande, quels moyens d'empêcher les enfans de concevoir du dégoût pour l'étude, lorsqu'ils en sont si souvent détournés et entraînés vers des divertissemens auxquels ils se portent déjà de toute la force de leurs inclinations ? Eh ! que ne se repose-t-on aussi sur les maîtres du soin de pourvoir aux délassemens nécessaires à l'esprit. Ils sauront les rendre innocens, par conséquent sans trouble et sans remords, et en faire un secours de plus pour l'étude. Chargés par état d'instruire et de former les élèves qui leur sont confiés, obligés par conscience à ne vouloir que ce qui est d'accord avec leurs plus chers intérêts, sentinelles destinées à leur signaler les dangers, pourroient-ils jamais composer avec leurs devoirs ; et, si cela étoit, seroient-ils dignes de les remplir encore ?

Mais en vain espéreroit-on d'heureux fruits de la meilleure discipline toute seule : quelle que sage qu'elle soit, elle a besoin d'une auxiliaire puissante, et peut-il en exister d'autre que la religion, qui seule a la force de commander le devoir en le réduisant en pratique; qui, tandis que l'étude développe les facultés de l'intelligence et lui ouvre le précieux trésor des sciences et des lettres, s'occupe d'agrandir l'âme et de lui ouvrir le trésor plus précieux des vertus. Heureuse alliance de la religion et de l'instruction sans laquelle celle-ci ne seroit qu'un instrument de ruine; alliance nécessaire, parce qu'elle est la base sans laquelle il n'est pas plus possible d'établir une société durable que de construire un édifice solide sur un sable mouvant: parce que, seule, elle peut obtenir le rare assemblage du talent et de la vertu, dans lequel consiste le plus heureux effet que l'éducation puisse produire.

Offrir à l'innocence ou à la foiblesse un refuge assuré, opposer une digue insurmontable aux usurpations de l'injustice ou de la cupidité, enrichir les sciences ou les lettres du fruit de ses veilles ou de ses découvertes, guider la foule ignorante dans les routes du devoir et du bonheur, tel est sans doute le plus bel avantage du talent : soutenir les droits imprescriptibles des mœurs contre les attentats de la corruption et du vice, faire aimer l'ordre, la concorde, la justice, en les montrant réduits en pratique, inspirer les sentimens qui font les sujets précieux à l'Etat et chers à leur famille, réfléchir dans une image vivante les traits sacrés de la bonté souveraine ; tel est ausi le privilége de la vertu. Mais le talent abandonné à lui-même abdique trop souvent ce noble ministère, et la vertu seule n'a pas toujours de quoi dessiller les yeux qui la voudroient méconnoître. C'est leur union qui prévient les abus de l'un, qui double le prix de l'autre ; c'est lorsqu'ils se prêtent un mutuel secours que nous les voyons revêtus du caractère auguste qui les recommande à l'admiration et à la reconnoissance publique.

Privé de la direction qui en garantit le bon usage, le talent se devient bientôt un piége à lui-même ; il se dénature et s'égare sur les pas de l'orgueil. Honteux transfuge de la vérité, son alliée naturelle, il se rend l'auxiliaire de l'erreur et des passions. C'est la vertu qui fait son mérite ; qui le voue à la défense des saines doctrines, et qui, en lui offrant le type du vrai beau, l'élève et l'enflamme par l'étude des vérités sublimes qui sont l'aliment du génie. Et cet éclat du talent rejaillit à son tour sur la vertu ; non qu'elle en ait besoin : elle a son prix qui ne dépend ni de l'opinion ni du suffrage des hommes ; mais encore est-il vrai que ces brillans dehors, sans augmenter sa dignité réelle, la relèvent merveilleusement et nous la montrent plus utile et plus vénérable.

On voit donc qu'isolés l'un de l'autre, le talent est dangereux, la vertu moins appréciée ; que le talent devient par la vertu le plus digne organe de la vérité ; la vertu, par le talent, sa plus parfaite expression ; et qu'ainsi, de leur alliance, résulte le don le plus accompli du Créateur, le plus riche trésor de la société, le chef-d'œuvre de l'éducation.

Qui doute que le talent n'ait par lui-même un prix inestimable ? Mais qui ne conviendra que l'abus en est facile, que sa valeur dépend surtout du principe qui en est l'âme et la règle : comme l'or dont la charité se sert pour arracher l'innocence au naufrage, l'infortune au désespoir ; tandis que l'ambition en fait le salaire du parjure et la solde du crime. Le talent ne remplit son objet que quand il travaille à l'affermissement de l'ordre et de la vérité, ces deux grandes bases de la société humaine. Sans cette direction salutaire, l'homme le plus richement doté par la main bienfaisante du Créateur, le plus capable de venger les droits de la vertu, en devient le plus cruel ennemi : il la combat de toutes les forces qui lui avoient été départies pour la défendre, et prostitue au mensonge des facultés destinées à faire prévaloir la vérité. Méconnois-

sant la source d'où lui viennent les dons magnifiques dans lesquels elle se complaît et s'admire,
cette intelligence non moins ingrate que superbe,
ne craint pas de se les approprier, et de les tour-
ner vers une fin contraire à celle pour laquelle
elle les a reçus. Impatiente du tribut de dépendance qu'elle doit à son auteur, elle ose, comme
autrefois l'ange rebelle, aspirer au rang suprême ;
mais elle éprouve bientôt le même sort, et pour
avoir voulu usurper une domination incommu-
nicable, précipitée comme lui des hauteurs cé-
lestes, elle tombe et roule dans les abîmes de
l'erreur. Dans cette chute terrible, les traits de
sa beauté primitive se sont effacés ; elle a dépouillé son vêtement de lumière pour s'envelop-
per de ténèbres, et cette image de l'intelligence
infinie, obscurcie, défigurée par l'orgueil, n'est
plus que le génie du mal.

Ainsi tant d'hommes, pourvus d'ailleurs des
plus heureux talens, mais voulant à tout prix
devenir fameux, n'ont quitté les routes trop bat-
tues du bon sens et de la raison, que pour s'ouvrir une voie extraordinaire à travers les paradoxes et les sophismes. De crainte de n'être pas
aperçus dans la foule des défenseurs de la vérité,
ils ont cherché à étonner à force d'extravagance
et d'audace. Dédaignant d'étudier les lois de leur
nature immortelle, ils se sont efforcés de la rendre

ou du moins de la croire terrestre, et de la dégrader ainsi jusqu'à leur bassesse, pour être dispensés de s'élever jusqu'à sa perfection. Dans le désir de proclamer la suprématie du talent, ils avoient entrepris de détruire la vertu; et chose étrange ! tandis qu'ils eussent volontiers livré leur être aux horreurs du néant, ils se consumoient pour acquérir à leur nom une immortalité fantastique qui en perpétuât la mémoire.

Mais on ne peut du moins, dira-t-on, leur contester le mérite du talent. Hélas ! s'il est vrai qu'ils étoient si heureusement partagés des plus riches faveurs de la nature, comment leur pardonner de les avoir rendues pour nous si fécondes en fruits amers ? Egarés par la perversité de leur cœur, ne les a-t-on pas vus, dans la haine aveugle et farouche qu'ils portoient à tout ce qu'il y a de bon, de juste et de sacré, verser à pleines mains le ridicule sur la vertu, faire l'apologie du vice, prêcher la révolte et l'athéisme ? Ne les a-t-on pas vus abuser l'inexpérience de la jeunesse par les creuses fictions d'un beau idéal qui disparoît comme un vain fantôme devant les réalités de la vie, consacrer les dons les plus brillans de l'esprit à revêtir l'erreur des plus rians prestiges, à parer le vice des plus belles couleurs ? Et quelle séduction plus dangereuse pour tant d'esprits superficiels et frivoles, qui, sur la foi de l'impiété savante, blasphêment ce qu'ils ignorent, et hardis contempteurs de tout ce qu'ils ne peuvent comprendre, rabaissent et calomnient témérairement ce qu'ils ne veulent pas imiter? En vain donc prétendroit-on que la beauté du talent peut, dans ces hommes inconséquens, servir d'excuse à l'étendue de leurs torts. Et quel est celui qui, ayant à gémir sur une blessure profonde, pourroit encore en admirer le fatal instrument? Mais combien le talent sera digne d'éloges, animé par la vertu! C'est alors qu'embelli des charmes qu'elle lui prête, il acquiert de jour en jour de nouveaux droits à la vénération publique, en soutenant les barrières de l'ordre contre les envahissemens de la licence et de la malignité.

Considérez ces hommes qui en ont le plus imposé à leur siècle, à l'aide d'un enthousiasme irréfléchi, fondé sur l'attrait des idées nouvelles. La postérité a fait justice de ces réputations usurpées. Les travers monstrueux du talent n'ont pas trouvé grâce, en faveur du talent même, devant son inflexible équité; elle les a jugés et condamnés à son tribunal sans appel, tandis qu'elle s'est plu à ratifier successivement les éloges décernés à ces hommes immortels qui ont consacré les plus belles facultés humaines à la défense de la vérité, qui se sont montrés comme les colonnes inébranlables de la société ; qui, lorsque la corruption pénétroit partout, ont su préserver leur talent comme leur cœur, et que l'irréfragable jugement des siècles a proclamés les précepteurs du genre humain.

Combien qui, élevés d'abord à l'école de la vertu, ont mérité quelque juste célébrité ; mais qui, depuis, égarés par de fausses doctrines, ont abjuré ses nobles inspirations pour s'engager dans le sentier de l'erreur, et qui, après avoir brillé quelque temps à l'entrée de leur carrière, ont dégénéré sensiblement et sont tombés dans un oubli éternel ! Semblables à ces rivières sans nom qui, sorties d'une source limpide, promettoient de devenir des fleuves majestueux ; mais qui, grossies tout à coup par les pluies et les orages, n'ont plus formé que des torrens qui, après avoir porté le ravage dans les campagnes, ont fini par s'y épuiser et s'y perdre.

Ce qui assure à la vertu une supériorité incontestable, c'est de se suffire à elle-même et d'être d'une utilité réelle. Je parle, non de cette vertu purement spéculative, qui n'ayant d'autre appui qu'une morale toute humaine, ne sauroit jamais être que fausse ou imparfaite comme elle, mais de cette vertu solide qui, fondée sur la religion, seule capable de commander l'oubli de soi et l'amour des autres, devient, par les sacri-

fices particuliers qu'elle sait faire à l'intérêt public, le principe conservateur de la société. On
ne sait pas assez ce que la société deviendroit
sans la vertu. Les passions injustes tendent sans
cesse à tout troubler, à tout désorganiser. Le
vice, qui s'indigne du frein, travaille sourdement
à renverser les digues qui le retiennent. C'est la
vertu qui s'occupe sans relâche à maintenir ou à
replacer les bornes de l'ordre et de la vérité;
c'est elle qui entretient l'harmonie sociale, qui
resserre toujours davantage les anneaux de cette
chaîne admirable qui descend du monarque au
sujet. Dans l'homme public, elle lui fait aimer
ses devoirs, ne l'élève par le rang au-dessus des
autres que pour l'en rapprocher par les bienfaits;
et, en le pénétrant de l'importance de ses fonctions, devient le garant de son zèle à les remplir.
Dans l'homme privé, elle sert l'ordre très-effica-
cement; car c'est y contribuer que de s'y sou-
mettre : elle se félicite d'une obscurité qui la
dérobe aux écueils et s'applaudit d'être à l'abri
des tempêtes. C'est elle qui porte la sérénité dans
la famille, la paix dans les cités, la bonne foi
dans les rapports sociaux. Elle est donc le plus
utile enseignement de la jeunesse, le premier
besoin de la société, le plus ferme appui de l'Etat,
la plus sûre garantie des devoirs. Si elle doit ac-
compagner le talent, il faut surtout qu'elle en
prévienne les écarts; qu'elle prépare le terrain

pour y jeter ensuite une semence qui porte de bons fruits; qu'elle soit la pierre angulaire de l'édifice, sans quoi l'éducation s'élève sur un fondement ruineux; et tandis que le talent devient dangereux sans elle, plus heureuse, elle peut souvent seule en tenir lieu.

Non qu'elle ne puisse lui devoir aussi beaucoup. Cette céleste étrangère est parfois forcée de rougir et de baisser les yeux. La superbe ignorance et la dédaigneuse impiété en ont fait le partage des sots et le lot des esprits foibles. Destinée à un éclat immortel, elle pâlit devant l'éclat éphémère du vice heureux. Simple comme la colombe, elle n'a trop souvent ici-bas d'autre sort que d'être la dupe ou la victime des méchans; mais, soutenue du talent, c'est alors qu'elle se venge des injustes mépris de ses détracteurs, qu'elle déjoue les artifices de ses ennemis, démêle les fils de l'erreur, dévoile les sombres ténèbres du vice, et, qu'arrachant le masque qu'il avoit emprunté, elle l'oblige à lui rendre hommage.

Si donc la vertu est la plus sûre règle du talent, le talent est à son tour le plus bel ornement de la vertu; et c'est leur alliance qui constitue la perfection du mérite.

Mais tous les esprits ne sauroient être ornés des mêmes qualités. Eh bien, puissent du moins tous les cœurs être parés par la vertu! Savoir la pratiquer, y conformer sa conduite, en suivre les divines leçons, est déjà un grand et bien rare talent qui suppléera à beaucoup d'autres. La prétention au savoir s'abuse facilement : une aveugle présomption est la compagne inséparable d'une docte ignorante; et la société, l'Etat même ont quelquefois payé cher les illusions d'un amour-propre aigri ou d'une ambition trompée. Pour qui ne peut s'illustrer par le talent, il est assez beau d'être vertueux. Une vertu modeste, digne fruit d'une éducation chrétienne, n'a souvent rien à envier à une périlleuse célébrité.

Que si le talent peut s'y joindre : ah! cultivez-le. Quiconque aime le bien ne sauroit être trop éclairé. Les lumières offusquent une raison débile; mais elles s'allient très-heureusement avec les inclinations généreuses. Le génie s'enflamme au noble feu de la vérité, et la bonté du cœur est le germe fécond des plus belles conceptions de l'esprit.

Mais le talent est une arme qui, pour être brillante, n'en est que plus redoutable dans la main trop foible pour en soutenir le poids, ou assez perfide pour en faire un pernicieux usage. Courez au-devant de ceux qui la tourneroient contre la société ou contre eux-mêmes; défendez les contre leur propre fureur; apprenez leur que c'est à défendre tout ce qui est utile, juste, honorable, légitime, qu'elle doit être employée ; que c'est contre les ennemis de l'ordre, de la vertu, de la vérité qu'elle doit sans cesse être dirigée ; mais secondez volontiers la nature pour la confier à tous ceux de la fidélité desquels la bonté de leur cœur vous répond, qui, dans les derniers rangs, comme à la tête des légions, garderont avec honneur le poste qui leur aura été assigné. Dans une lutte glorieuse, il n'en est pas d'indifférent : pour être estimable, il suffit d'être utile. Quiconque a fait son devoir, a bien mérité du souverain rémunérateur : aucun service ne sera perdu.

Le talent et la vertu ont donc besoin l'un de l'autre. Si le talent met la vertu dans tout son jour, l'établit dans tous ses droits, la vertu, de son côté, fait l'honneur et le prix du talent qui s'identifie nécessairement avec l'objet auquel il est consacré ; et tandis que le vice le flétrit et le déshonore, la vertu lui rend tout son charme et tout son lustre. Marchant de compagnie, ils aplanissent les voies à la vérité, rendent son accès plus facile, son triomphe plus durable. A mesure que le talent plaît à l'esprit, la vertu s'insinue dans le cœur ; et c'est ainsi que le talent accréditant la vertu qui à son tour garantit le talent, leurs communes leçons pénètrent aisément dans les jeunes cœurs, et, y faisant doucement descendre la ro-

sée céleste du bien, devancent la séduction du
vice et empêchent que d'impures suggestions ne
déposent dans des âmes encore neuves le germe
de l'impiété et le levain du crime. Hélas! pourquoi
faut-il qu'une expérience journalière justifie tant
ces précautions !

Car il ne suffit pas d'être éclairé pour être bon.
Trop souvent le cœur se révolte contre les vérités
dont l'esprit est convaincu. Les orages des passions obscurcissent l'entendement, et avec de
grands talens on commet de grandes fautes. La
vertu venant au secours ramène dans le vrai chemin l'intelligence égarée; elle fait cesser le désordre et remet le cœur d'accord avec l'esprit.

Qu'il est donc sage cet enseignement qui pré-
lude à la culture de l'esprit par celle du cœur, et
qui fait ainsi que le développement des facultés
de l'un devient, non le triste écueil, mais le plus
beau relief des qualités de l'autre ! que les résultats en sont désirables pour la société et les familles ! Quoi de plus digne d'envie qu'un beau
talent inspiré par un bon cœur! Quoi de plus
digne d'admiration qu'un bon cœur éclairé par
un beau talent ! Heureux l'Etat où les dépositaires
de l'autorité et les organes de la justice possèdent
ce rare assemblage !

Outre tant d'autres suites incalculables, la
perte de si précieux avantages seroit la première

conséquence de l'erreur fatale ou de l'intention perfide qui voudroit faire consister l'éducation dans une instruction purement littéraire et scientifique, d'où le secours et l'influence de la religion seroient également bannis, et où le développement des facultés de l'esprit ne serviroit aussi qu'à hâter le développement des vices du cœur. Non, ce n'est pas là l'éducation. Elever dignement la jeunesse, c'est travailler à faire fleurir les bonnes mœurs, enflammer la noble émulation du savoir par l'émulation plus noble encore de la vertu; pénétrer les jeunes gens du prix de leur âme et du sentiment de leur immortelle destination, afin que s'ils ont jamais le malheur de sacrifier le devoir à l'empire des passions, ils ne goûtent pas du moins dans le vice cette sécurité funeste qui en est le dernier degré; et que, s'ils ne sont pas vertueux par principes, ils ne soient pas du moins vicieux sans remords : c'est leur inculquer avant tout les idées de justice, de bonté, de désintéressement, l'horreur du mal, l'amour du bien, et surtout cette pensée de la Divinité toujours présente à nos actions; pensée seule capable de faire trembler le crime quand la justice humaine ne lui en impose plus ou qu'il croit pouvoir compter sur l'impunité : c'est leur apprendre à servir avec amour le roi du ciel pour servir avec fidélité le roi de la terre, leur faire contracter l'heureuse habitude du bien, les rendre enfin aussi bons qu'il peut être donné à l'homme de le devenir : c'est faire prendre au génie et aux talens naturels un sublime élan vers tout ce qui est grand et honorable, procurer aux esprits ordinaires les connoissances utiles et durables qui suffisent à l'ambition de la modestie, et les enrichir des douces vertus qui portent dans les familles la paix, la joie et le bonheur ; c'est enfin donner à la société des talens et des lumières, à la religion des cœurs purs et des esprits dociles, à l'Etat des citoyens vertueux et profondément monarchiques.

Jeunes Français, l'ornement et la joie de vos familles, la richesse et la ressource de votre patrie, sachez que le but de vos talens est de devenir un jour des membres utiles de la société et de faire le bien de vos semblables, et que celui de toute votre vie est de répondre à la grandeur de votre être en marchant à la clarté des idées divines et morales jusque dans l'avenir immense qui vous attend. Estimez, cultivez le talent ; mais aimez et surtout pratiquez la vertu. L'union de l'un et de l'autre peut seule faire de vous plus tard des hommes accomplis. Gardez-vous de ces écrits corrupteurs où le prestige du style sert à couvrir la licence des idées, où tous les ressorts de l'esprit et de l'imagination sont mis en jeu pour rendre le poison agréable, le mensonge séduisant, le vice aimable. Pourriez-vous estimer le talent quand la vertu ne l'accompagne pas? Défiez-vous de cette indigne séduction qui, en dépravant vos cœurs par le goût des passions grossières, voudroit comprimer en vous l'essor des plus généreux sentimens, des plus belles facultés morales; et, en vous empêchant d'imiter cet oiseau qui plane dans les régions supérieures, vous faire, comme ces reptiles impurs, ramper tristement sur la terre. Méprisez les travers de l'erreur et du bel esprit; suivez la vérité et le génie dans les routes de l'espérance et de l'immortalité. Placés, comme sur les limites de deux mondes, vous n'avez point assisté à cette nuit affreuse dont l'impiété en délire avoit couvert votre belle patrie; ou à peine aviez-vous entrevu les malheurs qu'elle avoit enfantés qu'aussitôt s'est levée pour vous l'aurore de la légitimité et de la paix. Heureuse génération, de n'avoir pas connu les jours de deuil, d'avoir été réservée pour les jours de la restauration, pour des années de repos et de prospérité !

Et vous, enfant de prières et de bénédiction, la consolation et l'espoir de la France, nouveau Joas, échappé par une vue secrète de la Providence au crime trompé dans sa fureur, qui grandissez à l'ombre du trône, sous la garde de l'amour et de la fidélité, une éducation chrétienne et royale vous apprendra que les rois sont chargés ici-bas des fonctions de Dieu dans le ciel ; que, ministres de sa justice, armés de sa puissance et revêtus de ses droits, ils sont et doivent être en tout son image ; idée la plus haute que l'on puisse concevoir de leur dignité suprème, et selon laquelle ils sont véritablement la majesté de la terre ; que rien au monde n'est plus grand qu'un roi, roi de lui-même comme de ses sujets, aussi élevé au-dessus d'eux par la vertu que par le rang, ne s'en rapprochant que par la clémencee et la bonté, et faisant consister le secret de sa politique à étendre le règne de celui par qui règnent les rois. Formé par une autre Blanche, comme par la sagesse même, sur les grands modèles qu'offre l'histoire de votre antique race, vous apprendrez, à l'école des vertus, des hauts faits et des augustes infortunes de vos pères, l'art difficile de gouverner les hommes, l'art sublime de les rendre heureux.

Croissez donc, précieux rejeton des lis, pour être un jour le chef, le modérateur et l'exemple de cette jeunesse contemporaine qui s'élève autour de votre royal berceau, dans l'amour de l'ordre, du devoir et des Bourbons ; croissez pour réunir en votre personne sacrée tous les traits particuliers qui caractérisent chacun de vos illustres aïeux ; pour être chrétien comme saint Louis, sage comme Charles **V**, père du peuple comme Louis **XII**, père des lettres comme François Ier, bon comme Henri **IV**, juste comme Louis **XIII**, grand comme Louis **XIV**, aimé comme Louis-le-Désiré, bienfaisant comme... votre infortuné père; croissez pour les glorieuses destinées promises à votre règne, et dont l'heureux gage est dans le miracle de votre naissance.

Alors les fléaux se renfermeront dans les trésors de la colère céleste; la France religieuse et monarchique, instruite par les lamentables leçons du passé, à ne pas exiler Dieu de la société, retrouvera avec sa foi les titres de sa perpétuité et de sa gloire; et, abjurant à jamais les désespérantes maximes d'une fausse philosophie sur les ruines encore fumantes qui n'attestent que trop ses ravages; revenu au seul et unique principe du beau, du bon et du vrai, notre siècle, plus heureux que le précédent, ne léguera aux siècles à venir qu'un héritage d'innocence, de gloire, de paix et de bonheur.

FIN.

A. EGRON, Imprimeur, rue des Noyers, n° 57.